<그리스도인이면 꼭 알아야 할 성경 지식>

빌립보서

그리스도인이 항상 기뻐하는 이유

서울솔로몬학교 성경연수원

차 례

이 책에 인용된 성경 구절은 〈한글킹제임스성경〉입니다.

제1과

빌립보서는 어떤 책인가?

『주 안에서 항상 기뻐하라. 내가 다
시 말하노니 기뻐하라』(빌 4:4).

주님 한 분만으로 기뻐할 수 있는가?

바벨론 포로에서 돌아온 유대인들이 느헤미야의 지도로 예루살렘 성벽을 완공한 후 장막절 기간 첫날 "물문" 앞에 모였을 때, 서기관이자 제사장인 에스라가 율법 책을 낭독하고 그 의미가 무엇인지 설명해 주자, 율법의 말씀을 깨달은 모든 회중은 눈물을 흘리며 슬퍼했다. 하지만 그날은 슬픔의 날이 아니라 기뻐해야 할 거룩한 날이었기에 느헤미야는 백성들에게 이렇게 말했다. 『**너희는 슬퍼하지 말라. 이는 주를 기뻐함이 너희의 힘이기 때문이라**』(느 8:10).

그리스도인의 힘과 능력은 주님에게서 나온다. 주님을 기뻐하는 것 자체가 성도의 힘의 원천이다. 신약성경에서 가장 담대한 사람 중 하나였던 사도 바울은 로마의 감옥에 갇혀 있으면서도 『**주 안에서 항상 기뻐하라. 내가 다시 말하노니 기뻐하라.**』(빌 4:4)라고 말했다. 말하자면 어떤 고난이나 위협도 지하 감옥의 창살 안에 갇혀 있던 바울에게서 따뜻한 햇볕을 빼앗지 못한 것이다. 바울은 단 한 번도 자신의 처지를 비관한 적이 없었다. 고난과 죽음 앞에서 비굴하거나 비겁하게 행동하지 않았다. 어떤 상황에서도 담대함과 용기를 잃지 않은 것이다. 주님을 기뻐하는 것이 그의 힘이었기 때문이다! 당신은 주님 한 분만으로 기뻐할 수 있는가? 주님 한 분만으로 만족할 수 있는가? "주님 한 분만이 나의 모든 것"이라고 말할 수 있는가? 진실로 이렇게 고백할 수 있는 성도는 어떤 상황에서도 힘과 용기를 잃지 않을 것이다.

모범적인 빌립보 교회

"빌립보"(Philippi)는 알렉산더 대왕의 아버지 "마케도니아 필립"의 이름을 본뜬 지명이다. 이곳은 마케도니아 동쪽 끝에 있는 지역으로 "**마케도니아 지방에서 첫째가는 성읍**"(행 16:12)이었다. "로마의 식민지"(행 16:12)였음에도 불구하고 이 지역의 주민들은 세금과 조공을 바치는 것 외에는 그다지 큰 제약을 받지 않았고, 심지어 땅을 소유할 권리도 갖고 있었다. 로마 출신의 사람들이 그리스 출신의 사람들보다 수적으로 많이 거주하고 있었으며, 로마의 법과 제도로 통치되는 도시였기에 "작은 로마"로 불리기도 했다.

"빌립보 교회"는 유럽에서 얻은 첫 열매였다. 바울이 빌립보를 처음 방문하게 된 것은 "**제2차 선교 여행 때**"였는데(행 16장, A.D. 52년경), 당시 성령 하나님께서는 바울이 소아시아에서 말씀을 전하는 것을 막으시고 유럽으로 방향을 바꾸게 하셨다. 그런 중에 트로아로 내려온 바울에게 "우리를 도와 달라"고 말하는 어떤 마케도니아인의 환상을 보여 주셨고(행 16:8-10), 이와 같은 섭리적인 인도하심 속에 바울은 빌립보를 방문하게 된다. 한편 빌립보에는 "유대인의 회당"이 없었다. 그래서 바울 일행은 성읍 밖에 있는 강가에서 기도 모임으로 사역을 시작했다(행 16:13). 그 무렵 강가로 모여든 여인들 가운데 자주 옷감 장수였던 "루디아"를 만났고, 그녀와 그녀의 집안은 바울이 전한 말씀을 믿고 구원받은 후 침례에 순종했다(행 16:14,15). 또한 바울 일행이 기도하러 나갔다가 점치는 영에 사로잡힌 소녀를 만났는데, 그녀는 점을 쳐 줌으로써 자기 주인들에게 상당한 수익을 가져다주고 있었다. 바울이 그녀에게서 점치는 영을 쫓아내자, 그로 인해 수익이 끊어져 버린 주인

〈빌립보 감옥〉

들은 바울과 그의 동역자 실라를 감옥에 가두었다(행 16:16-24). 하지만 그 감옥에서 바울과 실라는 찬송했고, 하나님께서는 큰 지진을 일으키셔서 감옥 문을 열어 주셨다. 이런 와중에 "빌립보 간수"가 구원받고 침례를 받았다. 그의 모든 집안 역시 구원받고 침례를 받았다. 이렇게 구원받은 성도들을 중심으로 "빌립보 교회"가 형성되었으며, 이후 바울은 제3차 선교 여행 때 다시 빌립보를 방문했다(행 20:1-6, A.D. 60년경).

당시 빌립보 교회는 매우 "모범적인 교회"로서 바울이 좋아하는 교회들 가운데 하나였다(빌 1:4,5). 그들에게는 신실과 사랑, 주님을 향한 열정 등 본이 될 만한 증거들이 많이 있었다. 이는 그 교회가 박해 속에서 전파된 말씀을 통해 세워진 교회였기 때문이다. 즉 바울과 실라가 감옥에 갇힌 것은 결코 헛된 일이 아니었고, 오히려 빌립보 교회가 신실한 교회로 성장할 수 있도록 밑거름이 되어 준 것이다. 빌립보 교회는 육신적인 모습으로 인해 바울이 책망했던 "고린도 교회"나 은혜의 복음 가운데 잘 달려가던 길에서 벗어난 모습 때문에 바울이 바로잡아 주어야 했던 "갈라디아의 교회들"과는 달랐다. "교리적으로" 매우 건전했으며 교회의 "규범"이나 "실행" 면에서도 모범적이었다. 또한 빌립보 교회는 바울이 그곳을 떠난 뒤에도 데살로니가에서 그를 한두 번 도왔다(빌 4:16). 갈라디아의 교회들처럼 유대주의에 영향을 받아 "은혜에 의한 구원"의 교리와 관련하여 혼란을 느끼거나 갈등을 겪지도 않았다. 몇 가지 개인적인 문제들(빌 4:2, 유오디아와 순두게 간의 갈등)과 종종 다가오는 유대주의자들의 공격(빌 3:2)을 제외하고는 고린도 교회처럼 죽음이나 부활 및 불멸에 대한 문제도 없었다. 그야말로 참된 신약 지역 교회의 올바른 모습을 지닌 교회였다.

■ 새롭게 깨달았거나 적용할 내용이 있다면 적어 보세요. ■

바울의 옥중 서신

빌립보서는 "A.D. 63-65년경" 로마의 "감옥"에서 "사도 바울"이 "빌립보 교회의 성도들"에게 보낸(빌 1:1,2) "옥중 서신"이다. 바울은 로마에서 "두 번" 투옥되었다. 첫 번째 투옥된 것은 사도행전 28장에서였는데(A.D. 63-65년경), 이때 "네 권"의 옥중 서신(에베소서, 빌립보서, 골로새서, 빌레몬서)이 기록되었다. 당시 바울은 지하 감옥이 아닌 "가택 구금" 상태였고(행 28:30), 함께할 수 있는 동료들도 주변에 있었다(행 28:17-31, 빌 1:13,14, 골 4:10-14). 누구든지 바울을 만나러 올 수 있을 만큼 자유로웠으며, 바울은 곧 풀려나리라는 기대까지도 하고 있었다(빌 1:25,26; 2:24).

한편 바울은 그 이후에 잠시 풀려났다가 다시 두 번째로 투옥되었는데(A.D. 68년경), 이때에 마지막 죽음을 앞둔 상황에서 디모데후서가 기록되었다. 당시 바울은 지하 감옥에 갇혀 있는 상황에서 첫 번째 투옥 때처럼 자유롭지 못했으며 밖으로 나가는 것을 기대조차 할 수 없었다. 오히려 순교의 죽음을 통해 "제물로 들려질 것"을 기대하고 있었으며(딤후 4:6), 더욱이 그의 동료들은 바울 곁을 떠난지라 그 자리에 없기까지 했다(딤후 4:9-22).

빌립보서의 주제

빌립보서의 주제는 "그리스도 안에서 누리는 기쁨"이다. 그래서 빌립보서의 핵심 단어는 "기쁨"이다. 이 단어가 빌립보서 전체에 스며들어 있다. 예수 그리스도 안에서 주님과 같은 생각을 가지면, 주변 상황이 어떠하든지 관계없이 기뻐할 수 있다. 특히 빌립보서에는 "죄"라는 단어를 찾아볼 수 없고, 책망보다는 찬양, 기쁨, 사랑 등의 내용으로 가득 차 있다.

사실 빌립보서에서 주위 환경만을 놓고 보면 바울이 기뻐할 수 있는 상황은 아니었다. 네로 황제의 죄수로 감옥에 갇혀 있는 상황은 낙심과 두려움과 불평과 원망을 불러일으키기에 충분했다. 그러나 바울은 승리의 함성과 기쁨의 환호성을 지르고 있다. 심지어 그는 『**내게 사는 것이 그리스도니 죽는 것도 유익함이라.**』(빌 1:21)라고까지 고백하고 있다. 그리스도인이 누리는 기쁨은 주변에서 일어나는 일들로 결정되는 것이 아니라 오직 주님과의 관계를 통해서만 결정된다. 그리스도인은 육산을 신뢰하지 않고 그리스도 예수 안에서 항상 기뻐하는 사람임을 기억해야 한다(빌 3:3,4).

■ 새롭게 깨달았거나 적용할 내용이 있다면 적어 보세요. ■

제1과
복습문제

1. 『주 안에서 항상 (   ). 내가 다시 말하노니 (   )』(빌 4:4).

2. 빌립보서는 A.D. 63-65년경 로마의 감옥에서 사도 바울이 빌립보 교회의 성도들에게 보낸 (   )이다.

3. 사도 바울은 빌립보 성읍을 제3차 선교 여행 때 처음 방문했다. (O , X)

4. 바울은 로마에서 "세 번" 투옥되었다. (O , X)

5. 빌립보서의 주제는 "그리스도 안에서 누리는 (   )이다.

■ 새롭게 깨달았거나 적용할 내용이 있다면 적어 보세요. ■

■ 복습 문제의 정답은 홈페이지(www.solomonbtc.org)에서 확인할 수 있습니다.

NOTES

제2과

고난 중에 누리는 승리의 기쁨(1장)

『그러면 무엇이냐? 가식으로나 진실로나 무슨 방법으로 하든지 전파되는 것은 그리스도니 이것으로 내가 기뻐하며 앞으로도 기뻐하리라』(빌 1:18).

기쁨은 하나님의 "위대한 치료약이다!"

"기쁨은 하나님께서 사용하시는 '위대한 치료약'이다. 모든 사람은 그것으로 자신을 치료해야 한다. 소름 끼칠 만큼의 걱정, 언짢음, 근심 등 삶의 모든 먼지를 기쁨이라는 기름으로 말끔히 닦아 내야 한다. 기쁨이 없는 사람은 마치 스프링 없는 마차와 같아서 길바닥에 깔려 있는 자갈에 걸려 덜컹거리게 되고, 그 안에 타고 있는 사람들을 불쾌하게 한다"(H.W. 비처).

잠시 생각해 보자. '우리 그리스도인이 고난을 겪을 때, 셋째 하늘에 계신 주님께서는 우리를 내려다보고 계실까?' 우리가 저 영원한 하늘나라에 계신 하나님 앞에 인도되었을 때, 주님께서는 우리 인생의 매일 매 순간 매 발자취를 함께하셨다고 말씀해 주실 것이다!

당시 사도 바울은 네로의 죄수로 체포되어 로마로 이송되었고 감옥에 갇혀 재판을 기다리고 있다. 더욱이 성도들 가운데는 바울이 갇혀 있는 것에 대해 당연하게 여기는 사람들이 있었다. 바울에게 상황이 불리해지도록 노력하는 사람들도 있었고, 이를 계기로 순수하지 못하게 복음을 전하는 사람들도 있었다. 이런 상황에서 과연 그의 마음이 어떠했을까 바울의 입장이 되어 한 번 생각해 보라. 하지만 바울의 인생에 대한 관조는 일반 사람들의 것과 사뭇 달랐다. 이는 그가 예수 그리스도 한 분으로 인해 고난 속에서도 기뻐하며 즐거워했기 때문이다. 『**너희 모두를 위하여 내가 기도할 때마다 항상 기쁨으로 구하는 것은**』(빌 1:4). 『**이것으로 내가 기뻐하며 앞으로도 기뻐하리라**』(빌 1:18).

왜 바울은 고난 중에도 기뻐할 수 있었는가?

1. "복음의 교제"가 있었기 때문이다(1-11절).

구원받은 그리스도인이 "성도의 교제"에 동참하는 것은 어려울 때 기쁨의 근간이 된다. 이는 같은 생각과 같은 믿음을 가지고 동일한 기쁨과 고난의 길을 함께 걸어감으로써 서로 간에 커다란 위로와 격려와 힘을 주기 때문이다. 특히 이러한 교제는 "복음의 교제"라는 사실을 주지해야 한다. <u>그렇다면 "복음의 교제"란 구체적으로 무엇을 말하는 것인가?</u>

1) <u>그리스도의 몸 된 지체들인 성도들을 기억하는 것이다</u>(1-6절).

사도 바울은 빌립보 교회의 성도들을 기억했는데, 그렇게 기억할 때마다 하나님께 "감사"를 드렸고(3절, cf. 엡 1:15,16, 골 1:3-5, 살전 1:2,3, 살후 1:3,4), 또 그들을 위해 기도할 때마다 항상 "기쁨으로" 간구했다(4절). 감옥에 갇혀 있는 바울이 그렇게 기뻐할 수 있었던 이유는 빌립보 교회의 성도들이 『**첫날부터 지금까지... 복음에 동참**』(5절)했기 때문이다. 바울이 빌립보 성읍으로 들어가서 "처음으로" 그들에게 복음을 전했던 『**첫날**』(A.D. 52년경, 『**복음의 초기**』 - 빌 4:15)부터 빌립보서를 쓰고 있는 『**지금**』(A.D. 63-65년경)까지 11년 이상 빌립보 교회의 성도들은 한결같이 복음에 동참해 온 것이다.

"<u>복음에 동참했다</u>"(5절)는 말은 다음 "<u>여섯 가지 사실</u>"을 의미한다. ❶ 빌립보 교회의 성도들은 바울이 전파했던 은혜의 복음과 진리를 믿었다. ❷ 믿었을 뿐만 아니라 그 메시지를 다른 사람들에게 전파했다. ❸ 바울이 다른 사람들에게 전파할 때 재정적인 지원을 아끼지 않았다(빌 4:15,16). ❹ 바울의 고난에 동참했고(빌 4:14), 그의 대적들 앞에서 그들의 증언을 통해 바울을 지지해 주었다. ❺ 바울이 복음과 진리를 전파하는 사역이 잘될 수 있도록 기도로 협력했다(cf. 롬 15:30, 고후 1:11). ❻ 바울의 사역에 무언가가 잘못되어 갈 때 진심으로 그를 염려했다(12-18절).

이러한 간증을 지켜본 바울은 빌립보 교회의 성도들에 대해 가지고 있던 "강한 확신"을 다음과 같이 고백했다. **『우리가 이것을 확신하노니 너희 안에서 선한 일을 시작하신 그분께서 예수 그리스도의 날까지 그 일을 완성하시리라』**(6절). 이 구절은 성경에서 가장 위대한 약속 중 하나로 "<u>성도들의 구원의 영원한 보장</u>"을 약속하고 있다(롬 8:38,39, 고전 1:8).

2) <u>지체들인 성도들을 항상 마음에 간직하는 것이다</u>(7,8절).

바울은 빌립보 교회의 성도들을 늘 그의 마음속에 간직하고 있었다(7절). "은혜에 동참하는 지체들"(7절)을 마음속에 간직하는 것은 실로 큰 힘이 된다. 또한 바울은 하나님을 증인으로 내세울 정도로 그들을 향한 간절한 그리움을 진실하게 표현했다(8절). 특히 "예수 그리스도의 마음," 곧 교회를 위하여 자신을 죽음에까지 내어 주신 하나님의 사랑(엡 5:25)으로 그들을 그리워했다. 실로 그들은 사랑 안에서 온전하게 연합되어 있었던 것인데, 이러한 모습은 오늘날 성도들에게도 매우 귀한 본이 된다.

3) <u>성도들을 위해 항상 기도하는 것이다</u>(9-11절).

"지체들을 향한 사랑"의 정도는 그들을 위한 기도 시간과 내용에 달려 있다. 지체들을 사랑하는 만큼 간절히 기도하게 되는 것이다. 이에 사도 바울은 빌립보 교회 성도들을 위해 하나님께 "네 가지" 간구를 드렸다. ❶ 그들의 사랑이 지식과 모든 판단에 있어서 더욱더 풍성하게 되기를 간구했다(9절). ❷ 가장 좋은 것들을 분별할 수 있게 해 달라고 기도했다(10절 a). ❸ 그리스도의 날까지 순수하고 흠 없게 되기를 간구했다(10절 b). ❹ 의의 열매들로 가득 차서 하나님께 영광과 찬양이 되기를 기도했다(11절).

2. "복음의 진전"이 있었기 때문이다(12-19절).

바울이 감옥에 갇혔다는 사실이 성도들에게 낙담을 안겨 준 것은 아니었다. 이는 그러한 사실이 오히려 "복음의 진전"을 가져왔기 때문이다(12-14절). 사도행전 7장에서 최초의 순교자 "스테판"은 완고한 마음을 가진 유대인들을 향해 "너희들이 예수 그리스도를 죽였노라."라고 담대하게 선포했다. 이 말에 격분한 유대인들은 그를 돌로 쳤고, 결국 스테판은 죽고 말았다. 그가 순교했을 때 예루살렘 교회에 큰 박해가 있었는데, 이로 인해 많은 성도들이 유대와 전 지역으로 흩어졌고 감옥에 갇히기도 했지만, 오히려 그들을 통해 하나님의 말씀이 널리 전파되었다(행 8:1-4). **복음은 안일하고 고요할 때보다는 고난과 박해가 있을 때 더 많이, 더 널리 전파된다**. 이처럼 그 어떤 고난에도 불구하고 바울의 소망은 항상 "예수 그리스도를 높이는 것"이었고, 또 "복음을 진전시키는 것"이었다.

"복음이 진전되었다는 것"은 "**하나님의 말씀이 전파되고 그리스도가 전파되었다는 것**"을 의미한다(14-18절). 복음이 진전된 양상은 "부정적인 측면"과 "긍정적인 측면" 두 가지로 나타났다. 우선 "**부정적인 측면**"을 보면, 예수 그리스도를 전파하되 "**시기와 다툼**"으로 증거했던 사람들이 있었다(15,16절). 그들은 "가식"과 "순수하지 못한 동기"로 복음을 전파했는데, 특히 "바울이 감옥에 갇힌 것은 그가 하나님 앞에 어떤 죄를 지어서 그런 것이고, 그 결과 그가 겪는 고난은 더욱더 가중될 것이며, 하나님께서는 이제 그 사역을 바울 대신 자기들에게 맡기실 것"이라고 오판한 것이다. 이에 반해 "**긍정적인 측면**"을 보면, "**선한 뜻으로**" 전파했던 사람들이 있었다(15,17절). 그들은 순수한 동기와 사랑과 진실함으로 전파했는데, 이는 그들이 복음을 지키려고 세우심을 받은 일꾼이 다름 아닌 바울임을 알고 있었기 때문이다(17절). 그들은 올바른 동기, 곧 연민과 선한 부담감으로 복음을 전파하여 하나님께 합당한 영광을 돌렸다.

이렇듯 그 동기가 어떠하든지 간에 사도 바울은 "그리스도가 전파되는 것," 이 한 가지 사실로 인해 매우 기뻐했고 감사도 드렸다(18절). 또한 그런 사실이 성도들의 기도와 예수 그리스도의 영의 공급을 통해 그를 "구원"에 이르게 할 줄도 알고 있었다(19절). 여기서 "구원"은 바울이 감옥에서 풀려나는 것과 아무런 관계가 없다. 그것은 "복음의 진전이 바울의 '영적인 필요를 채워 준다'는 의미에서의 구원"을 의미하는데, 곧 "그리스도가 전파된다는 사실"이 "더할 나위 없는 기쁨을 바울에게 준 것"이다. 바울은 어떤 처지에서도 만족하는 법을 배웠기 때문에(빌 4:11-13), 감옥에서 풀려나고 풀려나지 않는 것, 곧 감옥에서 구출되고 구출되지 않는 것은 큰 문제가 되지 않았다. 심지어 그는 죽는 것도 유익하다고 고백할 정도다(21절). 이런 그가 감옥에서 풀려나는 구원에 대해 언급했을 리가 없다! 바울은 결코 낙심하거나 의기소침하면서 뒤로 물러나 있지 않았다. 주님을 향한 그의 사랑과 열정과 담대함은 단 한순간도 수그러든 적이 없었다. 그리스도께서 전파되고 복음의 진전을 통한 온전한 열매가 맺히는 일들로도(18절) 그의 영적인 필요가 충분히 채워진 것이다(19절).

3. "복음의 소망"이 있었기 때문이다(20-26절).

바울에게는 간절한 기대와 소망이 있었는데, 그것은 오직 예수 그리스도만이 항상 높임을 받으시는 것이었다(20절). "복음의 진전"을 기뻐하는 성도는 항상 예수 그리스도를 첫 번째 자리에 모시는데, 이는 그것이 그가 복음 안에서 가지는 간절한 기대와 소망이기 때문이다. 따라서 그리스도인은 주변 상황이 나빠졌다고 해서 신실함과 온전함과 담대함을 잃어버리지 않는다. 바울에게 있어서 그리스도를 높이는 것은 인생 최대의 목표이자 열정이었다. 살든지 죽든지 오직 그리스도만을 높이기 원했던 것이다.

감옥에 갇혀 있던 바울에게 사형 판결이 떨어진다 해도 두려울 것은 없었다. 오히려 그는 "예수 그리스도와 함께 있을 욕망을 갖는 것이 훨씬 좋다"고 고백하기 때문이다(23절). "그리스도인의 담대함"은 바로 이런 것에서 나온다. 우리는 왜 예수 그리스도를 높이는 데 우리의 전 생애를 걸어야 하는가? 『**내게 사는 것이 그리스도니 죽는 것도 유익**』(21절, cf. 갈 2:20)하기 때문이다. 특히 바울은 몸에서 떠나 주님과 함께 있기를 간절히 원했다(고후 5:8). 거듭난 그리스도인은 장차 그리스도와 함께 살게 된다는 사실을 항상 의식하며 살아야 한다(살전 5:9,10). 셋째 하늘의 낙원에 갔다 온 적이 있던(고후 12:1-4) 바울은 늘 그곳을 바라보았고 그곳에 거하게 될 소망을 마음속에 간직하며 살았다. 『**내가 그 둘 사이에 끼여 있으니 내가 떠나서 그리스도와 함께 있을 욕망을 갖는 그것이 훨씬 좋으나**』(23절). "당신에게는 이러한 욕망이 있는가?"

사도 바울은 "둘 사이에," 곧 "죽는 것"(21절)과 "사는 것"(22절) 사이에 끼여 있었다. 다시 말해 지금 당장 죽어서 그리스도와 함께 있을 것인가, 아니면 한동안 더 지상에 남아 있으면서 빌립보 성도들의 믿음의 진보와 기쁨을 위해 좀 더 수고할 것인가("수고의 열매")의 "둘 사이"에 끼여 있었던 것이다. 그는 이 둘 사이에서 무엇을 선택해야 할지 모른다고 했지만(22절), 그의 본심은 하나님의 뜻이라면 지금이라도 당장 죽어서 주님의 품에 안기는 것이었다(23절). 어쨌든 바울은 자기가 현재 이 땅에 육신을 입은 채로 남아 있는 것은 "빌립보 교회의 성도들을 위해 필요한 것"이라고 말한다(24,25절). 베드로 역시 죽음을 앞두고 바울처럼 똑같은 영적 부담을 안고 있었다(벧후 1:12-14). 이렇듯 바울은 그러한 확신이 있었기에, 당분간 감옥에 갇혀 있다 하더라도 빌립보 교회의 성도들과 큰 기쁨으로 만날 날을 고대했던 것이다(25,26절). 『**이런 확신이 있으므로 나는 너희의 믿음의 진보와 기쁨을 위하여 너희 모두와 함께 계속 남아 있을 줄 아노라**』(25절).

4. "복음의 믿음"이 있었기 때문이다(27-30절).

바울은 빌립보 교회의 성도들이 "복음의 믿음"을 위하여 함께 싸우고 있다는 소식을 듣기를 간절히 원했다(27절). 이 복음은 "그리스도의 복음"으로서 "구원의 복음"(고전 15:1-4)은 물론, 구원받은 이후에 지키고 따라야 할 "성경의 전체적인 진리"를 가리킨다. 그리스도의 복음으로 구원받았다면, 그리스도의 복음에 합당한 생활을 해야 한다. 그리스도의 복음에 합당한 행실이란 『**한 영 안에 굳게 서서 한 마음으로 복음의 믿음을 위하여 함께 싸우**』는 것을(27절) 의미한다. 그리스도인의 영적 전쟁은 혼자 싸우는 것이 아니라 "함께" 싸우는 것이므로, 성도들 간에 "성령의 하나 됨을 지키는 일"(엡 4:1-3)은 매우 중요하다. 진리 안에서 한 몸처럼 일사불란하게 움직여야 하고, 같은 진리를 말하며, 같은 생각과 같은 마음을 따라 대적들을 대항하여 함께 싸울 수 있어야 한다. 빌립보 교회의 성도들은 그들이 복음을 처음으로 들은 첫날부터 바울이 지금 서신을 쓰고 있는 이 시간까지 계속해서 복음의 믿음을 위하여 함께 싸워 왔다.

한편 이 싸움에는 반드시 "반대하는 자들"이 있기 마련인데, 그들로 인해 두려워할 필요는 없다. 이는 "이것," 곧 복음의 믿음을 위해 함께 싸우는 "싸움"과 그에 따른 "고난"이 반대자들에게는 "멸망의 증표"가 되고, 구원받은 성도들에게는 "구원의 증표"가 되기 때문이다(28절). 다시 말해 영적 전쟁을 치르는 성도가 고난을 받게 되면, 반대자들은 그러한 고난을 보면서 하나님으로부터 저주를 받아 버림받고 멸망하는 모습의 증표라고 오해하지만, 구원받은 성도들은 그러한 고난을 하나님의 복의 표시로써(눅 6:22), 자기들이 구원받았다는 증거로써 받아들인다. 그리스도인이 당하는 고난은 구원받은 하나님의 자녀이기 때문에 받는 것이며, 더 나아가 그리스도의 복음에 합당한 생활을 하다가 당하는 고난이기에 고난에 대해 염려할 이유가 전혀 없다. 그것은 오히려 구원받은 성도의 입장에서는 구원받았다는 강력한 증표가 된다.

한편 "복음의 믿음을 위한 싸움"은 하나님께로부터 나온 것이다(28절). 더욱이 그것은 그리스도를 위해 성도들에게 주어진 것인데(29절), 이는 우리가 그리스도를 위해 믿음의 선한 싸움을 싸우는 사람들이기 때문이다. 그 싸움과 고난은 우리가 주님을 더욱 견고하게 믿음으로 신뢰하게 만들고(29절) 고난 이후에 주어지는 영광을 소망하게 해 준다. No Cross, No Crown! 『**이는 우리가 잠시 받는 가벼운 환난이 우리를 위하여 훨씬 뛰어난 영원한 영광의 비중을 이루어 가기 때문이라**』(고후 4:17).

그리스도인은 주위 상황과 관계없이 그리스도인답게 행동해야 한다(27절). 어떤 상황에 직면해도 그리스도인으로서의 본분을 잊지 말고 온유하고 담대한 자세를 취해야 한다. 고난 속에서도 기뻐했고 온전한 평안을 유지했던 사도 바울의 본을 따라 하나님 안에서 늘 확신에 찬 모습으로 신앙생활을 영위해야 한다. 하나님께서는 구원받은 성도가 처한 모든 상황을 알고 계시며, 또 그 모든 상황을 주관하신다는 사실을 잊어서는 안 된다.

■ 새롭게 깨달았거나 적용할 내용이 있다면 적어 보세요. ■

제2과 복습문제

1. 『그러나 형제들아, 내게 일어났던 일들이 오히려 복음의 ( )이 되었음을 너희가 알기를 원하노니』(빌 1:12).

2. 『그러면 무엇이냐? 가식으로나 진실로나 무슨 방법으로 하든지 전파되는 것은 그리스도니 이것으로 내가 ( )하며 앞으로도 ( )하리라』(빌 1:18).

3. 『이는 내가 이것이 너희의 기도와 예수 그리스도의 영의 공급으로 나를 구원에 이르게 할 줄 알기 때문이라』(빌 1:19). 여기서 "구원"은 감옥에서 "풀려나는 것"을 의미한다. (O , X)

4. 『그러나 만일 내가 육신으로 산다면 이것은 내 ( )의 열매니 무엇을 선택해야 할지 나는 아직 알지 못하노라』(빌 1:22).

5. 『반대하는 자들로 인하여 아무것도 두려워할 것이 없나니, 이것[그리스도인의 싸움과 그에 따른 고난]이 그들에게는 정녕 ( )의 증표며 너희에게는 ( )의 증표니, 이는 하나님께로부터 나온 것이라』(빌 1:28).

■ 복습 문제의 정답은 홈페이지(www.solomonbtc.org)에서 확인할 수 있습니다.

제3과

기쁨으로 섬기는 사역(2장)

『만일 내가 너희 믿음의 희생제물과 봉사 위에 나를 드린다 해도 나는 기쁘고 또 너희 모두와 함께 기뻐하리라. 이와 같이 너희도 기뻐하고 나와 함께 기뻐하라』(빌 2:17,18).

겸손에서 비롯되는 섬기는 기쁨

"사역에서 오는 기쁨"은 단순히 섬기는 환경이 주님의 보호와 돌보심으로 충만했다든지, 섬기는 과정에서 주님께서 자상하게 인도해 주셨다든지, 섬김의 결과가 좋은 열매로 드러났다든지 하는 것에 있지 않다. 물론 하나님께서 허락하신 사역에는 이러한 것들이 분명히 포함되어 있다. 그러나 성도는 사역의 환경, 과정, 결과보다는 기본적으로 사역을 맡겨 주셨다는 사실과 사역을 계속하게 해 주셨다는 사실 그 자체로 기쁨을 누린다. 이러한 기쁨은 "감사"하는 마음에서 오며, 그 감사는 근본적으로 "겸손"한 마음에서 온다. 교만한 사람은 감사보다는 불만으로 충만하고, 결국 "불평"을 쏟아 낸다. 그러므로 성도가 겸손한 마음을 상실하면 사역에서 오는 기쁨을 놓치게 되는 것이다.

하나님의 사역을 행하고자 하는 성도는 반드시 "겸손함" 가운데 첫발을 내디뎌야 한다. 우리는 원래 구원받을 자격이 없는 존재였지만 하나님의 은혜와 자비를 통해 구원을 받고 그리스도인이 되었으며, 또 하나님의 사역을 위임받을 만한 자격과 능력이 없는데도 기회를 허락받았기 때문이다. 신실하게 하나님의 사역을 지속했던 사역자들은 모두 겸손함 가운데 감사함으로 사역에 임한 성도들이었다. 그들은 오직 겸손함으로 사역의 본을 보여 주신 예수 그리스도를 본받아 사역에 임함으로써 많은 열매로 하나님께 영광을 돌려드렸다. 자, 이제 우리도 겸손함 가운데 기쁨으로 사역을 행함으로써 하나님께 영광을 돌려드리는 성도가 되자!

연합과 겸손에 관한 권면

1. 연합

『그러므로 그리스도 안에 어떤 격려나 사랑의 위로나 성령의 교제나 인정이나 자비가 있다면 같은 생각이 되어 같은 사랑을 가지고 하나 되고 한 생각이 되어 너희는 나의 기쁨을 이루라』(빌 2:1,2).

빌립보서 2장은 『**그러므로**』로 시작한다. 이 『**그러므로**』는 1:27의 말씀을 받고 있다. 『**오직 너희의 행위가 그리스도의 복음에 합당하게 되라. 이는 내가 가서 보든지 멀리 떨어져 있든지 너희가 한 영 안에 굳게 서서 한 마음으로 복음의 믿음을 위하여 함께 싸우고 있다는 소식을 듣고자 함이라.**』 그러므로 이 『**그러므로**』는 "**복음의 믿음을 위하여 함께 싸워야 하므로**"라는 의미이다. 이것은 2장 전체 말씀이 "**복음을 위한 싸움**"을 위해 성도들이 갖추어야 할 자세를 설명하고 그 세부 사항을 명령하실 것이라는 것을 짐작하게 한다.

사도 바울의 첫 번째 권면은 "**같은 생각,**" "**같은 사랑,**" "**하나 됨,**" "**한 생각**"으로 복음을 위한 싸움을 행함으로써 자신이 기뻐할 수 있게 해 달라는 것이다. 공동의 목표를 가지고 서로 합심하여 싸워 나가는 것, 이것이 『**그리스도의 복음**』에 합당하게 되는 길이다. 『**우리가 알거니와 하나님을 사랑하는 자들, 곧 그분의 목적에 따라 부르심을 받은 자들에게는 모든 일이 합력하여 선을 이루느니라**』(롬 8:28).

그렇다면 사도 바울이 말하는 "**같은 생각**"과 "**한 생각**"은 무엇인가? 그것은 "**겸손**"과 "**순종**"인데, 이것이 바로 5절에 나오는 『**그리스도 예수 안에도 있는 생각**』이며, 이 생각은 6-8절에 제시되고 있다.

2. 겸손

『어떤 일도 다툼이나 허영을 따라서 하지 말고 오직 생각의 겸손함으로 남을 자신들보다 존중하고 각자 자기 일만 돌보지 말고 남의 일도 돌아보라』(빌 2:3,4).

사도 바울은 먼저 『**생각의 겸손함**』이 부족할 때 생기는 두 가지 큰 문제를 알려 준다. 즉 『**다툼**』과 『**허영**』이다. 또한 바울은 다툼의 반대가 『**남을 자신들보다 존중하는 것**』이고, 허영의 반대가 『**남의 일도 돌아보라**』라는 것임을 알려 준다. 다툼의 원인은 명백하다. "**남보다 자신을 더 존중**"할 때 생긴다. 허영은 "**자기 분수에 넘치고 실속이 없이 겉모습뿐인 영화(榮華), 또는 필요 이상의 겉치레**"를 의미한다. 남에게 보이는 모습에 과도하게 신경 쓰는 사람은 남의 일은커녕 자기 일도 제대로 하지 못한다. 그러므로 하나님의 일을 하고자 하는 성도에게 가장 필요한 것은 바로 『**생각의 겸손함**』이다.

겸손의 본 예수 그리스도

1. 자신을 낮추신 예수 그리스도

『그는 하나님의 형체로 계시므로 하나님과 동등하게 되는 것을 탈취라 생각지 아니하셨으나 오히려 자신의 영예를 버리고 종의 형체를 입으시어 사람들의 모습을 취하셨느니라. 그리하여 사람과 같은 모양으로 나타나셔서 자신을 낮추시고 죽음에까지 순종하셨으니 십자가의 죽음에까지라』(빌 2:6-9).

사도 바울은 빌립보 성도들의 『**생각의 겸손함**』을 위해 "**예수님의 생각**"을 제시한다. 『**너희 안에 이 생각을 품으라. 곧 그리스도 예수 안에도 있는 생각이라**』(5절). 곧 하나님 자신이 낮아지셔서 사람이 되셨고, 극악한 죄인에게나 가해지는 십자가의 죽음, 더욱이 하나님의 모든 진노를 한꺼번에 받는 십자가의 죽음에까지 순종하신 것, 그것이 바로 사도 바울이 제시한 "**겸손**"이다. 사도 바울도 이 순종의 본을 따라 자기의 생명을 아끼지 않았다.

2. 예수 그리스도를 높이신 하나님

『이로 인하여 하나님께서는 그를 지극히 높이시고 모든 이름 위에 있는 한 이름을 그에게 주사 하늘에 있는 것이나 땅 위에 있는 것이나 땅 아래 있는 것이나 모든 무릎을 예수의 이름에 꿇게 하시고 모든 혀가 예수 그리스도를 주라 시인하여 하나님 아버지께 영광을 돌리게 하셨느니라』(빌 2:9-11).

"**예수 그리스도의 겸손**"을 "**겸손**"에 관한 모범 답안으로 제시한 사도 바울은 연이어 "**겸손에 대한 보상**"이 어느 정도였는지 위력 있게 설명한다. 즉 하나님께서 예수 그리스도에게 "**모든**" 이름 위에 있는 한 이름을 주시어, "**모든**" 무릎을 예수의 이름에 꿇게 하시고, "**모든**" 혀가 예수 그리스도를 주라 시인하게 하신 것이다.

이와 마찬가지로 부르심에 순종한 그리스도인에게는 "**모든**" 일이 합력하여 선을 이룰 뿐만 아니라(롬 8:28), "**모든**" 것을 풍요하게 주셔서 향유케 하시고(딤전 6:17), 예수 그리스도를 통하여 "**모든**" 것을 할 수 있는 특권이 허락된다(빌 4:13). 또 "**모든**" 좋은 선물과 "**모든**" 온전한 선물이 위로부터 내려온다(약 1:17). 하나님은 『**보상하는 분**』이시다(히 11:6).

너희 구원을 온전히 이루라

1. 두려움과 떨림으로 행하라

『그러므로 나의 사랑하는 자들아, 너희가 항상 복종했던 것처럼 내가 있을 때뿐만 아니라 내가 없는 지금도 더욱더 두려움과 떨림으로 너희 구원을 온전히 이루라』(빌 2:12).

『**구원을 온전히 이루라.**』라는 말씀은 "**구원받은 성도로서 합당한 열매를 맺으라**"는 말씀이다. 이 말씀은 혼이 지옥으로부터 구원받는 것과는 상관이 없다. 성경에 나오는 "**구원**"이라는 단어를 "**지옥의 형벌로부터의 구원,**" 즉 "**혼의 구원**"에만 한정하면 교리적 오류에 빠지게 된다. 1:19의 『**이는 내가 이것이 너희의 기도와 예수 그리스도의 영의 공급으로 나를 구원에 이르게 할 줄 알기 때문이라**』에서도 "**사역을 온전히 수행하며 끝까지 보호받는 것**"(빌 4:17,18)의 의미로 "**구원**"이라는 단어가 사용되었다.

성도가 진리의 말씀을 실행하여 합당한 열매를 맺기 위해서는 "**지식**"과 "**지혜**"가 필요하다. 그리고 이 지식과 지혜는 주님을 두려워하는 것에서 시작된다. 『**주를 두려워하는 것이 지식의 시작이거늘**』(잠 1:7). 『**주를 두려워함이 지혜의 시작이라**』(시 111:10). 그러므로 성도가 진리의 말씀을 실행하여 합당한 열매를 맺으려면, 주님을 두려워하는 마음에서 시작해야 한다.

사도 바울은 『**떨림**』이라는 단어를 사용할 때 항상 『**두려움**』과 함께 사용했다(고전 2:3, 고후 7:15, 엡 6:5, 빌 2:12). "**떨림**"은 두려움으로 인해 신체적 증상이 일어나는 것을 말한다. 『**내가 생각만 해도 무서우며 떨림이 내 몸을 붙잡는도다**』(욥 21:6). 두려움으로 몸이 경직되고 떨리는 것은 자연스러운 것이다.

2. 불평이나 다툼이 없도록 하라

> 『모든 일을 불평이나 다툼이 없도록 하라... 책망받지 않게 하려 함이니... 내가 자랑하려 함이라』(빌 2:14-16).

불평이나 다툼은 "**겸손하지 않은 상태,**" 즉 "**교만**"에서 온다. 본문은 불평이나 다툼을 일으킨 성도가 그리스도의 심판석에서 "**책망**"을 받게 된다는 사실과 사역을 잘한 성도는 그리스도의 심판석에서 "**자랑**"할 수 있다는 사실을 분명히 알려 준다.

동역자들의 본

1. 사도 바울의 기쁨

> 『만일 내가 너희 믿음의 희생제물과 봉사 위에 나를 드린다 해도 나는 기쁘고 또 너희 모두와 함께 기뻐하리라. 이와 같이 너희도 기뻐하고 나와 함께 기뻐하라』(빌 2:17,18).

『믿음의 희생제물과 봉사』는 "**믿음에 따라 자기 몸을 드리고 섬기는 것**"을 의미한다. 그러므로 사도 바울은 빌립보 성도들이 믿음으로 헌신하고 섬기는 참된 그리스도인의 장성한 분량에 도달하게 할 수만 있다면, 거기에 기꺼이 자신의 생명을 내놓을 것이며, 그것을 기쁨으로 생각한다고 말하고 있는 것이다. 그리고 그러한 "**기쁨**"을 "**함께**" 누리자고 권면하고 있다.

2. 디모데의 증거

『그러나 너희는 디모데의 증거를 아나니 마치 아들이 아버지와 함께 섬긴 것처럼 그가 복음 안에서 나와 함께 섬겼느니라』(빌 2:22).

신실한 사역자와 함께 섬겼다면, 그 동역자도 신실하게 섬겼음을 보장받는 것이다. 『**디모데의 증거**』, 즉 "**디모데가 신실하게 섬겼다는 증거**"는 그가 신실한 사역자인 바울과 "**함께**" 섬겼다는 것이다. 그렇다면 어떤 사역자가 신실하게 섬겼다는 것은 어떻게 알 수 있는가? 『**그러므로 너희는 그들의 열매로 그들을 알게 되리라**』(마 7:20). 사역에서 많은 열매를 맺은 사역자와 "**함께**" 사역하고 있다면, 그 동역자도 "**잘**" 섬기고 있는 것이다.

3. 에파프로디도의 헌신

『그가 그리스도의 일을 위하여 거의 죽게 되었으나 자기 생명을 돌보지 아니하였으니 이는 나에 대한 너희 섬김의 부족함을 그가 채우려 함이라』(빌 2:30).

성도는 모두 목자의 동역자이다. 그때 하나님께서는 각 성도에게 은사를 주시고 그의 "**섬김의 분량**"을 담당하게 하신다. 그런데 어떤 부분에서든 "**섬김의 부족함**"이 나타나면, 목자나 다른 성도가 그 "**섬김의 부족함**"을 어떤 방식으로든지 채워야 한다. 이때 목자나 다른 동역자가 "**무리**"를 해서 몸이 상하게 되면, 사역의 상당 부분이 손상을 입게 된다. 성도는 이런 일이 발생하지 않도록 자신의 "**섬김의 분량**"을 완수해야 한다.

제3과
복습문제

1. 『오직 생각의 (　　　　　　　)함으로 남을 자신들보다 존중하고 각자 자기 일만 돌보지 말고 남의 일도 돌아보라』(빌 2:3,4).

2. 『그리하여 사람과 같은 모양으로 나타나셔서 자신을 낮추시고 죽음에까지 순종하셨으니 (　　　　　　　　　　)의 죽음에까지라』(빌 2:8).

3. 『모든 일을 (　　　　　　　)이나 다툼이 없도록 하라』(빌 2:14).

4. 『이는 너희 (　　　　　　　　　　　　　　)이 흠 없고 순전하여 비뚤어지고 변질된 민족 가운데서 책망받지 않게 하려 함이니 너희는 (　　　　　　)로서 (　　　　　　　　　　　　　　)이라』(빌 2:15).

5. 『그러나 너희는 디모데의 (　　　　　　　　)를 아나니 마치 아들이 아버지와 (　　　　　　　　) 섬긴 것처럼 그가 복음 안에서 나와 (　　　　　　　　) 섬겼느니라』(빌 2:22).

■ 복습 문제의 정답은 홈페이지(www.solomonbtc.org)에서 확인할 수 있습니다.

NOTES

제4과

소망이신 주님 안에서 기뻐하라(3장)

『우리의 시민권은 하늘에 있으므로 우리가 그곳으로부터 오실 구주이신 주 예수 그리스도를 기다리고 있으니 그가 만물을 자신에게 복종시키는 그 능력의 역사로 인하여 우리의 천한 몸을 그분의 영광스러운 몸같이 변모시키시리라』(빌 3:20,21).

주님의 다시 오심을 소망하라

"신실한 그리스도인"으로서 이 세상을 살아간다는 것은 결코 쉬운 일이 아니다. 우리가 예수님을 개인의 주와 구세주로 영접했을 때, 영이 거듭나고 혼은 구원받았지만, 육신의 몸은 아직 구속받지 못했기 때문이다. 따라서 육신을 입고 이 세상을 살아가는 한 항상 죄의 유혹과 맞서 싸워야 하는 것이 구원받은 그리스도인의 숙명이다.

우리는 현재 주님께서 우리를 데리고 올라가실 휴거(고전 15:52,53, 살전 4:16,17)를 기다리고 있는데 일곱으로 일하시는 하나님의 경륜으로 볼 때 이미 일곱 번째 천 년에 들어선 지도 여러 해가 지났으므로 교회의 휴거가 그리 먼 미래가 아님은 분명하다. 휴거는 그리스도인들에겐 최고로 영광된 날이다. 이보다 더 큰 기쁨(환희, rapture)은 없다. 창조주이자 구속주이신 하나님을 비로소 뵙게 되는 영광도 영광이려니와, 그날에 우리는 우리가 사모하는 주님의 몸과 같은 몸을 입게 될 것이다(요일 3:2).

그리스도인은 죽어도 부활하고 영원히 산다는 소망을 지닌 사람들이다. 성경은 주님의 다시 오심을 사모하는 모든 사람에게 의의 면류관을 주신다고 약속하셨다(딤후 4:7,8). 이 소망은 거짓말하실 수 없는 하나님께서 벌레만도 못한 인간들에게 약속하셨고 또 인치셨다(엡 1:13; 4:30). 이 소망을 혼의 닻같이 흔들림 없이 굳게 지니려면 우리 자신을 정녕 죄에게는 죽은 자요, 예수 그리스도 우리 주로 말미암아 하나님께는 산 자로 여겨야 한다(롬 6:11, 갈 2:20).

육신을 신뢰하면 멸망한다(1-7절)

『속지 말라, 하나님은 우롱당하지 아니하시느니라. 이는 사람이 무엇을 심든지 그대로 거둘 것이기 때문이라. 자신의 육신에 심는 자는 육신으로부터 썩은 것을 거두고 성령에 심는 자는 성령으로부터 영생을 거두리라』(갈 6:7,8).

『**주 안에서 기뻐하라.**』라는 말씀은 빌립보서에서 가르치는 교훈들에 수반되는 실천사항이다. 기쁨이 있는 곳에는 불평이나 원망이 있을 수 없다(2:14). 기쁨의 감사(롬 1:8)가 있는 곳에는 또한 배교가 있을 수 없다. 갈라디아서 5:22에서 기쁨은 일곱 가지 성령의 열매 중 두 번째로 제시된다. 이 말씀은 빌립보서 1:18과 4:4 말씀과 마찬가지로 그리스도인의 기쁨의 대상은 육신(사람)이 아니라 주님이어야 함을 강조하고 있다. 그렇기에 그리스도인이 기쁨을 어디에서 얻느냐에 따라 그 사람의 신뢰 대상이 어디에 있는지를 알 수 있게 된다. 즉 그리스도인이 온갖 세상 것들을 기뻐한다면 그는 육신을 신뢰하는 것이다. 반대로 그리스도인이 주를 기뻐한다면(느 8:10) 그는 주님을 신뢰하는 것이다.

"육신"은 단순히 우리 몸인 육체를 가리키는 것이 아니라, "여러 가지 구상"과 "하나님을 아는 지식을 거역하여 스스로 추켜세운 모든 높은 것들"이다. 이러한 육신적인 것들은 그리스도께 복종하지 않는 마귀의 자식들이나 내는 악한 열매들이다(고후 10:5,6). 그렇기에 육신 안에는 어떠한 소망도 없다는 점을 명심해야 한다. 하지만 많은 그리스도인이 여전히 육신을 신뢰하고 자랑하고 기뻐하고 있다. 그러나 정상적인 그리스도인이라면 육신뿐만 아니라 육신과 직간접적으로 연관된 그 어떤 것도 신뢰하지 않는다. 육신이 우리의 구원이나(롬 8:12, 엡 2:8,9),

안전과 어떠한 관계도 없기 때문이다(갈 5:7). 그렇기에 『**너희 보물이 있는 곳에 너희 마음도 있느니라.**』(마 6:21)라는 말씀에 유의하여 나의 기쁨, 신뢰를 어디에 두고 있는지 점검해야 한다.

성경에서는 거듭나지 않은 남자를 개라고 부른다. 간혹 좋은 자질을 갖춘 개도 있지만 개는 여전히 개일 뿐이며, 토한 것을 먹는다(벧후 2:22). 2절에서 『**개들**』은 『**살을 베어 내는 자들**』을 말하는데, 곧 할례파인 유대인들을 말한다. 바울은 구원받기 전에 그 누구보다도 종교적이고 열성적인 "유대인"이었다. 바울은 ❶ 할례받은 ❷ 이스라엘인이고, ❸ 이스라엘의 첫 번째 왕을 배출한 베냐민 지파요 ❹ 히브리인 중의 히브리인이며 ❺ 히브리인들 중 가장 고상한 사람들의 전형인 바리새인인데(행 23:6; 26:5) ❻ 이교도를 박해하는 열성적인 바리새인이며(행 26:9-11) ❼ 율법의 의로 말한다면 흠이 없는 의인(행 10:2,22)이었다.

바울은 사람들 앞에서 의식적인 규례들을 "흠이 없는" 수준으로 지켜 행했다. 그리스도께서 오시기 전에는(요 15:22-24) 율법에 따른 의를 자랑하는 것이 가능했을지도 모른다. 그러나 온전하고 죄 없으신 분이 율법 아래 나신 이후로(갈 4:4), 외적인 모양으로는 더 이상 의를 충족시킬 수 없었기 때문에(삼상 16:7), 율법의 의를 완성하신 내적인 사람이 필요하게 되었다(롬 8:1-5). 이렇게 하나님께서는 독생자이신 예수 그리스도를 통해 멸망당할 죄인들에게 부활과 영생의 길을 제시하셨다(요 3:16; 5:24).

소망이 이끄는 삶(8-14절)

『형제들아, 나는 내가 붙잡은 것으로 여기지 아니하노라. 다만 한 가지 일, 즉 뒤에 있는 것은 잊어버리고 앞에 있는 것

들에 손을 뻗쳐 그리스도 예수 안에서 하나님의 고귀한 부르심의 상을 위하여 그 푯대를 향해 좇아갈 뿐이라』(빌 3:13,14).

✍ 〈목적이 이끄는 삶〉, 〈긍정의 힘〉 등과 같은 책들은 모두 인간의 정욕에 따라 가려운 귀를 즐겁게 해 주는 죄인들의 사고방식에서 나온 책들이다(딤후 4:3). 예수 그리스도께서 주시는 소망 안에서 기뻐하려면 이 세상에서 귀중하게 여기고 즐기던 모든 것들을 내버려야 한다. 영적 전쟁에는 회색지대가 없다. 아무도 두 주인을 섬길 수 없다(마 6:24, 눅 16:13). 그리스도를 얻으려면 세상에 속한 모든 것들을 배설물로 여겨야 한다.

소망이신 주님 안에서 기뻐하려면 "그리스도를 얻어야"(win Christ) 한다. 이것은 구원과는 아무런 관련이 없다. 그리스도를 "얻는 것"은 상을 좇아 달려간 승리자의 성취를 말한다. "얻는 것"은 『**상**』(14절)과 관계가 있고, 그 『**상**』은 "가장 고상한" 『**그리스도 예수 나의 주를 아는 지식**』이다(8,10절, cf. 롬 8:10-13). 그렇기에 사도 바울은 모든 것을 손실로 여겼고, 한때나마 소중히 여겼던 모든 것들을 잃어버린 것과 배설물로 여겼다(8절).

그리스도인은 행위나 수고가 아닌 오직 하나님의 은혜로 구원을 받는다. 구원받은 그리스도인은 하나님께서 값을 치르고 사신 하나님의 소유로(고전 6:19,20) 한번 받은 구원은 절대 잃어버리지 않는다(롬 8:38,39). 하지만 그리스도인의 삶은 혼이 구원받았다고 해서 그것으로 끝난 것이 아니다. 그리스도인은 주님의 목전에 기쁨이 되는 일들을 행해야 한다(요일 3:22). 그렇다면 과연 무엇이 주를 기쁘시게 하는가?(엡 5:10) 바로 세상에서 성별하는 것이다. 세상을 향한 발걸음을 돌이켜서 주님을 찾음으로써 주님을 기쁘시게 하고(히 11:6), 주님 안에서 기뻐해야 하며(빌 4:4), 주님을 자랑해야 한다(고전 1:31,

고후 10:17). 주님께서 주신 소망만을 신뢰하고 세상의 것들을 쓰레기로 취급하면 주님께서 보상하신다.

『그러나 믿음이 없이는 하나님을 기쁘시게 할 수 없나니, 하나님께 나아가는 자는 그분이 존재하시는 것과 그분이 자기를 열심히 찾는 자들에게 보상하는 분이심을 마땅히 믿어야 하느니라』(히 11:6).

빌립보서 3장에서는 "소망"을 "보상"의 개념과 연계하여 설명하고 있다. 11절에서 사도 바울은 "죽은 자들로부터 부활하는 특권"을 위해 노력하는 것이 아니었다. 죽은 자들의 부활에 "이른다"는 것은 온전함에 이르기 위한 사도 바울의 노력을 말하는 것으로(12절) 온전함에 이르게 된 결과로 받게 될 높은 수준의 보상의 관점에서(14절) 설명하고 있는 것이다. 이는 히브리서 11:35에서 말씀하시는 『**더 좋은 부활**』과 마찬가지로 예수 그리스도를 위해 순교한 자들에게 주어지는 "보상"을 의미한다. 그리스도인은 온전함에 이르기 위해 형식적이고 의식적인 것들을 배설물과 같이 여겨야만 한다. 또한 그리스도를 알고(10절), 그를 죽은 자들로부터 일으키신 능력을 주장해야 한다(10절). 매일 자신의 몸을 억제하고(갈 2:20), 계속해서 하나님의 뜻을 좇으며(12절), 과거를 잊어버리고(13절), 앞에 있는 것들에 손을 뻗쳐(13절), 앞을 향해 나아가야 한다(14절).

예수 그리스도의 피로 구속받은 그리스도인이라 할지라도 몸의 구속을 받기 전까지는 온전한 사람, 곧 죄 없는 완벽한 사람이 아니다. 그렇기에 사도 바울도 『**지극히 위대한 사도들보다 아무것도 뒤질 것이**』(고후 12:11)없는 사람이었지만, 그 역시도 『**그리스도 예수 안에서 하나님의 고귀한 부르심의 상을 위하여 그 푯대를 향해 좇아갈 뿐이라.**』(14절)라고 고백하고 있다. 바울은 아직 온전함을 붙잡진 못했으나(13절) 온전해지길 원하였고 이를 위해 그리스도 예수께 붙잡힌 바 되었다(12절). 이처럼 온전함을 붙잡기 위해 그리스도인은 뒤에 있는 것들, 곧 이미 지나가 버린 썩어질 세상의 일들은 잊어버리고 손을 뻗쳐 앞에 있는 것들을 붙잡아야 한다. 뒤를 돌아보다가 소금 기둥이 되어버린 『**롯의 아내를 기억하라**』(눅 17:32, 창 19:26). '사도 바울 같은 사람도 못 이루는 것을 내가 어떻게 할 수 있을까?'라는 생각은 접어 두어야 한다. 사도 바울은 푯대를 향해 좇아가는 여정에 함께할 동행자를 찾고 있다(17절).

십자가의 원수가 되지 말라(15-19절)

『그러나 백성 가운데도 거짓 선지자들이 있었던 것처럼 너희 가운데도 거짓 교사들이 있으리라. 그들은 저주받을 이단들을 비밀리에 불러들여서 자기들을 사신 주를 부인하기까지 하며, 급격한 파멸을 스스로 불러들이느니라. 또한 많은 사람들이 그들의 파멸의 길을 따르리니 그들로 인하여 진리의 길이 비방을 받을 것이라』(벧후 2:1,2).

빌립보서는 그리스도인의 생활과 밀접하게 연관된 세부 내용을 담고 있기에 말씀의 소중함을 잘 모르는 사람들에게는 자칫 잔소리처럼 보일 수 있다. 하지만 사도 바울은 『**너희에게 같은 말을 쓰는 것이 내게도 지루하지 않을 뿐만 아니라 너희를 위해서도 안전하니라.**』(3:1)라고 말한다. 즉, 자주 들은 내용이라고 등한시하지 말고, 이 말씀들을 항상 마음속에 간직하라는 말이다(시 119:11). 앞을 똑바로 바라보지 않으면 그리스도인을 실족시킬 요소들이 산재해 있기 때문이다. 마귀는 언제나 울부짖는 사자처럼 삼킬 자를 찾아 두루 다닌다(벧전 5:8). 마귀에게 틈을 주면 마귀의 종이 되어 비참한 삶을 살게 된다(벧후 2:19).

『**너희 보물이 있는 곳에 너희 마음도 있느니라**』(마 6:21, 눅 12:34). “십자가의 원수들”은 『**땅의 것들을 생각**』한다(19절). 세상 사람(시 17:14)은 세상을 이야기하고, 세상은 그의 말을 듣는다(요일 4:5). 세상에서 평판과 인정받기를 좋아하면, 성경의 예언과 영원에 관한 관심이 줄어들 수밖에 없다. 긍정적 사고방식으로 점철된 교육과 과학에 대해 맹신하게 되면, 타락한 사람에 관해 우호적이고 긍정적인 견해를 갖게 되기 마련이다. 아울러 끊임없이 새로운 것에 대해 말하거나 듣고자 하는 욕구가 생기게 되고, 최신 유행, 패션, 문화가 아름답고 찬란하게 보이기 시작한다. 그러면 자연스럽게 하나님의 경배하는 일에서 멀어지게 되고, 지옥이나 재림에 대한 설교를 혐오하게 된다. 이런 사람은 성경 말씀도 멀리하기에 바른 성경인 〈한글킹제임스성경〉이나 변개된 〈개역성경〉이나 별반 차이가 없게 되어버린다. 결국 주님께서 주시는 기쁨과 즐거움(렘 15:16)은 온데간데없이 사망의 향기(고후 2:16)만 풍겨날 뿐이다.

주님께서는 지체하지 않으신다(20,21절)

『주의 약속은 어떤 사람들이 더디다고 생각하는 것같이 더딘 것이 아니라 오직 우리에 대하여 오래 참으시어 아무도 멸망하지 않고 다 회개에 이르게 하려 하심이라』(벧후 3:9).

셋째 하늘에 우리의 구주께서 계시다. 따라서 우리의 관심도 그곳에 있다. 우리의 본향도 그곳이고, 우리의 보물도 그곳에 있으며, 우리가 사랑하는 자들도 그곳에 있다. 이것은 우리의 시민권이 하나님과 예수 그리스도께서 계신 하늘에 있다는 것을 증명한다(20절). 『**그러므로 너희가 그리스도와 함께 살아났**

으면 위에 있는 것들을 구하라. 거기에는 그리스도께서 하나님의 오른편에 앉아 계시느니라. 위에 있는 것들에 너희 마음을 두고 땅에 있는 것들에 마음을 두지 말라』(골 3:1,2).

땅에 있는 것들에 마음을 두고 그 안에서 영광을 누리려는 자들의 종말은 "파멸"이지만(19절), 하늘에 시민권이 있는 그리스도인들의 끝은 "영광"이며, 우리의 천한 몸이 우리 주 예수 그리스도의 영광스러운 몸같이 변모되는 것이다(21절).

하나님께서 『**천한 몸**』이라고 기록하신 것을 마귀는 "죽을 몸", "수치스러운 몸", "보잘것없는 몸" 등으로 변개시켰다. 그런다고 해서 풀 같이 말라 버리고(벧전 1:24) 벌레가 파먹어(욥 7:5; 21:26) 썩어질 육체가 더 고상하게 변하지는 않는다. 천한 몸으로는 영원을 살 수 없다. 우리가 받을 새 몸은 그리스도의 영광스러운 몸과 똑같다. 썩지 않고, 거룩하며, 죄 없고, 온전하며, 영광스럽고 영원하다. 주님께서 나타나실 때(20절) 우리도 그와 같이 변모할 것인데 다음과 같은 특징이 있다(요일 3:2,3). ❶ 우리의 부활한 몸은 33세의 그리스도의 몸으로서 "남성"이다. ❷ 우리의 부활한 몸은 빛의 속도보다 더 빨리 여행할 수 있다(마 28:9, 요 20:17). ❸ 고체의 장애물도 통과할 수 있고, 마음대로 나타났다 사라질 수도 있다(눅 24장). ❹ 소화, 흡수, 배설의 염려 없이 먹거나 마실 수 있다(눅 24장). ❺ 피가 없이(고전 15장) 살과 뼈로 되어 있다(눅 24장). ❻ 나이나 외모의 특징과 관계없이 구원받은 사람은 누구든지 상대가 누구인지 알아볼 수 있다(고전 13:10,12).

우리는 빌립보서에 기록된 말씀을 통해 받은 이 소망 가운데서 즐거워하며 환난 중에 참으며 꾸준히 기도에 진력해야 한다(롬 12:11). 주님께서는 자신이 나타나실 때까지 흠 없고 책망받을 것도 없이 이 명령을 지키라고 우리에게 권면하신다(딤전 6:14). 이제 곧 주님께서 자기 때가 되어 나타나실 것이기 때문이다(딤전 6:15,16).

제4과
복습문제

1. 『실로 모든 것을 (　　　　　)로 여김은 그리스도 예수 나의 주를 아는 지식이 가장 고상하기 때문이며 내가 그를 위하여 모든 것을 잃어버리고 그것들을 오히려 (　　　　　)로 여김은 그리스도를 얻기 위함이요』(빌 3:8).

2. 『형제들아, 나는 내가 붙잡은 것으로 여기지 아니하노라. 다만 한 가지 일, 즉 뒤에 있는 것은 잊어버리고 앞에 있는 것들에 손을 뻗쳐 그리스도 예수 안에서 하나님의 고귀한 부르심의 (　　　　　)을 위하여 그 (　　　　　)를 향해 좇아갈 뿐이라』(빌 3:13,14).

3. 『(내가 자주 너희에게 말하였고 지금도 눈물로 말하지만 많은 사람이 그리스도의 (　　　　　　)의 (　　　　　)들로 행하고 있느니라』(빌 3:18).

4. 『우리의 (　　　　　)은 하늘에 있으므로 우리가 그곳으로부터 오실 구주이신 주 예수 그리스도를 기다리고 있으니 그가 만물을 자신에게 복종시키는 그 능력의 역사로 인하여 우리의 (　　　　　) 몸을 그분의 영광스러운 몸같이 변모시키시리라』(빌 3:20,21).

■ 복습 문제의 정답은 홈페이지(www.solomonbtc.org)에서 확인할 수 있습니다.

제5과

근심을 이기는 성도의 힘과 기쁨(4장)

『아무것도 염려하지 말고 다만 모든 일에 기도와 간구로 너희의 구하는 것들을 감사함으로 하나님께 알려지게 하라』(빌 4:6).

우리와 함께하시는 평강의 하나님

그리스도인이 주 안에서 누리는 기쁨과 평강은 어떤 문제들이나 곤경들이 하나도 없는 데서 오는 것이 아니다. 그러한 것들이 있음에도 불구하고 주 안에서 누리는 것이다. 사도 바울은 그 사실을 입증이라도 하듯 감옥에 있었지만, 주변의 환경에 전혀 억눌리지 않고 주 안에서 기뻐했으며 하나님께서 주시는 평강 가운데 있었다.

매일 기도와 말씀 가운데 있는 그리스도인, 곧 기도로 자기의 모든 염려를 주님께 내어 드리고 온종일 주님의 말씀에 순종하는 그리스도인은 하나님께서 주시는 기쁨과 평강을 누린다. 그리스도인이 하나님과 바른 관계를 유지할 때 얼마나 큰 기쁨과 평강을 누릴 수 있는지! 당신도 하나님께서 주시는 기쁨과 평강을 온전히 누리고 있는가?

연합과 기쁨에 대한 권면

『그러므로 나의 참으로 사랑하고 사모하는 형제들아, 나의 기쁨이요 면류관인, 나의 참으로 사랑하는 자들아, 주 안에서 이처럼 굳게 서라. 내가 유오디아에게 권하며 순두게에게도 권고하노니 주 안에서 같은 생각을 가지라. 내가 또한 참된 동지인 너희에게 청하노니 복음 안에서 나와 함께 애쓰고 또 클레멘스와 나의 다른 동료들과도 함께 수고한

> 이 여인들을 도우라. 그들의 이름이 생명의 책에 있느니라. 주 안에서 항상 기뻐하라. 내가 다시 말하노니 기뻐하라』(1-4절).

구원받은 성도는 자신을 구령한 구령자의 기쁨이요 면류관이며 소망이자 영광이다(1절, 살전 2:19,20). 그런 구원받은 성도에게 바울은 주 안에서 "**굳게 서라**"고 권면한다. 성도는 모두 그리스도의 군사로 부르심을 받은 자들로서(딤후 2:4) 굳게 서서 세상과 육신과 마귀와 대적하여 싸워야 하기 때문이다(엡 6:11, 갈 5:1, 벧전 5:9). 하지만 성도는 종종 죄라는 장애물에 걸려 넘어지고 쓰러져 낙담할 때가 있다. 비록 쓰러 넘어지고 낙담할 수는 있을지언정, 그 상태로 머물러 있어서는 안 된다. 우리와 하나님 사이에서 화평을 이루시고, 화해케 하신 십자가의 보혈이 있기 때문이다. 죄를 지었으면 즉각적으로 주 하나님께 죄들을 자백하고(골 1:20, 요일 1:9), 맥없이 처진 손과 쇠약한 무릎을 일으켜 세워 다시금 주 안에서 굳게 서야만 한다.

유오디아와 순두게(2절)는 복음 안에서 바울과 함께 애쓰고 바울의 동료들과 함께 수고했던 자매들이다. 그런데 주 안에서 같은 생각을 갖지 못한 채 모종의 다툼이 있었던 것 같다. 지역 교회 내에서 흔히 벌어지는 이런 일들의 해결책은 "**주 안에서 같은 생각**"을 갖는 것이다(2:2,5). 그런데 바울은 문제 해결을 위한 노력을 당사자들에게만 맡기지 않고, 교회 내에 다른 그리스도인들에게도 문제 해결을 위해 애쓰라고 당부한다. 『**너희에게 청하노니... 이 여인들을 도우라**』(3절). 따라서 그리스도인은 누구라도 지역 교회 내에서 생긴 문제에 대해 방관자가 되어서는 안 된다. 지역 교회 내의 일들에 관심을 가져야 하고 문제가 생기면 그 문제를 해결하기 위해서 함께 노력해야만 한다. 왜냐하면 이들의 이름이 생명의 책에 기록되어 있기 때문이다(3절). 간혹 이 생명의 책에서 이름이 지워질까 즉 구원을 잃어버릴까 하여 노심초사하는 사람들이 있다.

하지만 대환란 시대에 구원받는 성도라면 모를까, 교회 시대에 구원받은 그리스도인은 생명의 책에서 그 이름이 지워질 걱정을 할 필요가 전혀 없다. 대환란 시대에서 구원받는 방법인 "믿음과 행위"가 아닌 "오직 믿음으로" 구원받았기 때문이다.

『**주 안에서 항상 기뻐하라. 내가 다시 말하노니 기뻐하라.**』(4절)라는 말씀은 빌립보서의 핵심 주제를 관통하는 말씀이다. 사도 바울은 데살로니가전서 5:16-18 말씀에서 『**항상 기뻐하라. 쉬지 말고 기도하라. 모든 일에 감사하라. 이것은 그리스도 예수 안에서 너희에 관한 하나님의 뜻이니라.**』라고 말했는데, 지금 이 믿음의 본을 보여 주고 있다. 어떠한 고난이나 역경이나 시련이나 감옥도 사도 바울이 주 안에서 누리는 기쁨을 결코 빼앗아 가지 못했던 것이다.

근심을 이기는 힘의 근원 1

『너희의 절제가 모든 사람에게 알려지게 하라. 주께서 가까우시니라. 아무것도 염려하지 말고 다만 모든 일에 기도와 간구로 너희의 구하는 것들을 감사함으로 하나님께 알려지게 하라. 그리하면 모든 지각을 초월하시는 하나님의 평강이 그리스도 예수 안에서 너희의 마음과 생각을 지키시리라』(5-7절).

사도 바울은 어떻게 감옥과도 같은 비참한 환경 속에서도 근심과 걱정과 염려를 떨쳐내고 주 안에서 기쁨을 누릴 수 있었는가? 바울은 그 힘의 근원 중 하나를 6절에서 말해주고 있는데, 바로 주 하나님께 드리는 "기도"다. 6절 말씀은 기도 응답에 관한 약속의 말씀이다. 하지만 기도에 비록 "Yes"가 아닌 다른 응답을 받게 되더라도 성도는 기쁨과 평강을 유지할 수 있다. 왜냐하면 그리스도인이 누리는 평강은 기도 응답이 아닌, 주님께 드리는 기도 그 자체에 있기 때문이다. 그렇기에 베드로전서 5:7에서는 『**너희의 염려를 다 하나님께 맡기라. 이는 그분께서 너희를 돌보심이니라.**』(벧전 5:7)라고 말한다. 기도로서 하나님께 알려지게 하고, 기도로서 하나님께 맡겨야 하는 것이다. 그렇게 그리스도인이 자신의 마음을 주께 의탁하면 주께서는 그 사람을 완전한 화평 속에서 지키실 것이다(사 26:3). 따라서 만약 어떤 성도가 아직까지도 근심과 걱정과 염려에 휘둘리고 있다면, 그것은 먼저 주 하나님께 기도하지 않았기 때문이다.

근심을 이기는 힘의 근원 2

『끝으로 형제들아, 만일 무슨 덕이 있거나 무슨 칭찬이 있으면, 무엇이든지 참된 것, 무엇이든지 정직한 것, 무엇이든지 의로운 것, 무엇이든지 순결한 것, 무엇이든지 사랑스러운 것, 무엇이든지 좋은 평판을 얻는 것, 이런 것들을 생각하라. 너희는 또한 나에게서 배우고, 받고, 듣고, 본 이런 일을 행하라. 그리하면 평강의 하나님께서 너희와 함께 계시리라』(8,9절).

참된 것, 정직한 것, 의로운 것, 순결한 것, 사랑스러운 것, 좋은 평판을 얻는 것과 관련하여 각각의 요소들을 공통적으로 충족시키는 것이 있는데 바로 "**하나님의 말씀**"이다. 이것이 바로 성도가 근심을 이기는 두 번째 힘의 근원이다. 여기에서 주의해야 할 것은, 그리스도인이 근심을 이기는 힘의 근원이 무엇인지를 단순히 "**알았다**"고 해서 자동적으로 평강과 화평이 찾아오는 것은 아니라는 점이다. 사도 바울은 자신에게서 배우고 받고 듣고 본 이런 일을, 즉 기도와 말씀 생활을 "**행하라**"고 권면하면서 "**그리하면**" 평강의 하나님께서 함께하실 것이라고 말하고 있다. 즉 실제로 기도와 말씀 생활을 영위해 나가야 하는 것이다. 아직도 개인의 부흥을 경험하지 못했다면 자신의 기도와 말씀 생활을 한 번 점검해 봐야 한다. 필라델피아 교회 시대는 비록 적은 능력을 가졌지만, "**하나님의 말씀을 그대로 지켰기**" 때문에 전 세계적인 부흥을 가져올 수 있었다(계 3:8,10). 현재 라오디케아인들의 교회 시대는 배교의 시대로 비록 필라델피아 시대와 같은 전 세계적인 부흥을 가져올 수는 없지만, 말씀을 지켜 행하는 개개인은 충분히 부흥을 이룰 수 있다. 이 사실을 기억하여 그리스도인은 누구라도 기도와 말씀 생활에 전념해야만 할 것이다.

모든 필요를 채워 주시는 주님

『그러나 내가 주 안에서 크게 기뻐하노니 이는 이제 너희가 나를 생각하던 것이 마침내 다시 살아남이라. 너희가 비록 생각은 하였으나 너희에게 기회가 부족하였도다. 내가 궁핍하므로 말하는 것이 아니니 이는 내가 어떤 처지에서도 스스로 만족하는 법을 배웠기 때문이라... 내게 능력 주시는 그리스도를 통하여 내가 모든 것을 할 수 있느니라. 그러나 너희가 나의 환난에 동참하였으니 잘하였도다... 그러나 나의 하나님께서 그리스도 예수를 통하여 영광 가운데서 그의 풍요함을 따라 너희의 모든 필요를 채워 주실 것이라』(10-19절).

『내가 주 안에서 크게 기뻐하노니』(10절). 이 말씀에서 바울은 빌립보 성도들이 보내 줄 물질적인 도움을 바라며 기뻐한 것이 아니다. 왜냐하면 바로 다음 절에서 『**내가 궁핍하므로 말하는 것이 아니니 이는 내가 어떤 처지에서도 스스로 만족하는 법을 배웠기 때문이라.**』라고 말하기 때문이다. 무엇인가 "결핍"하다고 생각하게끔 만들어 온갖 탐욕을 불러일으키는 이 마지막 때에, 만족할 줄 아는 경건은 참으로 큰 이익이 된다(딤전 6:6). 그리스도인은 누구나 절제하고(5절) 주 안에서 만족하는 법을 배우고 또 그대로 우리 삶에 적용해야 한다. 그래서 『**나는 비천에 처할 줄도 알고, 또 풍부함에 처할 줄도 알며, 모든 처지와 모든 일에 있어서 나는 배부름과 배고픔과 풍부함과 궁핍함을 다 배웠노라.**』(12절)라고 말할 수 있어야 한다.

『**복음의 초기**』(15절)상황은 사도행전 16장의 상황이다. 빌립보서 1:6에서도 첫날부터, 즉 복음의 첫날부터 지금까지 빌립보 교회가 자신의 복음에 동참했다고 말하고 있다. 그리스도인이라면 누구나 복음을 증거할 수 있어야 하고 또 증거하러 나가야만 한다. 만약 직접 복음을 전하러 나가지 못하는 상황이라면 기도에 동참함으로써 또 필요한 물질로 섬김으로써 복음 전파의 사역에 동참해야만 한다.

이제 바울은 『**그의 풍요함을 따라 너희의 모든 필요를 채워 주실 것이라.**』(19절)라고 말한다. 이 말씀은 탐욕과 관련된 말씀이 아니다. 그리스도인에게는 긍정적인 것뿐만 아니라 부정적인 것들도 필요할 때가 있기 때문이다. 하나님께서는 부정적인 우리의 필요들조차도 채워 주실 것이다

22절 말씀을 보면 사도 바울은 비록 감옥에 갇혔지만, 복음의 진전을 이루었다는 사실을 알 수 있다(1:12,13). 카이사는 로마 제국의 황제인데, 황제의 집안사람들 가운데서도 사도 바울이 전한 복음을 믿고 구원받은 사람들이 나왔던 것이다. 바울은 이처럼 그리스도인이라면 언제 어디서라도 복음을 증거해야만 한다는 사실을 다시금 일깨워 주면서 빌립보 성도들에게 보내는 서신의 끝을 맺고 있다.

제5과
복습문제

1. 『내가 또한 참된 동지인 너희에게 청하노니 복음 안에서 나와 함께 애쓰고 또 클레멘스와 나의 다른 동료들과도 함께 수고한 이 여인들을 도우라. 그들의 이름이 (　　　　)에 있느니라. 주 안에서 항상 (　　　)하라. 내가 다시 말하노니 (　　　)하라』(빌 4:3,4).

2. 『아무것도 염려하지 말고 다만 모든 일에 (　　　　)와 (　　　　)로 너희의 구하는 것들을 감사함으로 하나님께 알려지게 하라』(빌 4:6).

3. 『너희는 또한 나에게서 배우고, 받고, 듣고, 본 이런 일을 (　　　　　). 그리하면 평강의 하나님께서 너희와 함께 계시리라』(빌 4:9).

4. 『내게 (　　　　　　　　　　　　) 내가 모든 것을 할 수 있느니라』. (빌 4:13).

5. 『그러나 나의 하나님께서 그리스도 예수를 통하여 영광 가운데서 그의 풍요함을 따라 너희의 (　　　　　)를 채워 주실 것이라』(빌 4:19).

■ 복습 문제의 정답은 홈페이지(www.solomonbtc.org)에서 확인할 수 있습니다.

제6과

주를 기뻐하는 것이 성도의 힘이다

『그때 느헤미야가 그들에게 말하기를 "너희는 가서 살진 것을 먹고 단 것을 마시라. 그러나 아무것도 준비되지 아니한 자들에게는 *그들의* 몫을 보내라. 이는 오늘이 우리 주께 거룩한 날임이니 너희는 슬퍼하지 말라. 이는 **주**를 기뻐함이 너희의 힘이기 때문이라." 하였더라』(느 8:10).

믿음 안에 기쁨과 평강이

- 윌리엄 쿠퍼(William Couper) -

때때로 섬광인 양 빛 한 줄기,
찬양하던 성도를 놀라게 하네
치유의 날개로 떠오르신 주님,
내 마음 상심될 때 위로로 힘주시네
비 온 후의 햇살처럼 내 혼 밝게 하시네

경건한 마음으로 조용히 묵상할 때,
하나님의 구원 역사 새롭게 다가오네
현재의 슬픔은 어느덧 사라지니,
즐거운 마음으로 우리 기뻐 말하리
"알 수 없는 내일도 나 두려워 않으리라."

아무것도 우릴 손 못 대리,
주님만이 우릴 품으시네
백합화도 까마귀도 입히시고 먹이시니,
그의 백성 더욱더 입히시고 먹이시리
넓게 펼쳐진 하늘 아래 돌보시지 않는 것 그 무엇이랴

포도나무 무화과나무 모두 열매 맺지 않고,
온 벌판에 양도 소도 사라져도
내 곁에 계신 주님,
소리 높여 찬양하리
나 주님 신뢰하니, 어찌 기뻐 않으리오.

기쁨의 의무

『형제들아, 마지막으로 말하노니 기뻐하라. 온전하게 되라. 위로를 받으라. 한 마음을 품으라. 평안히 지내라. 그러면 사랑과 화평의 하나님께서 너희와 함께 계시리라』(고후 13:11). 『주 안에서 항상 기뻐하라. 내가 다시 말하노니 기뻐하라』(빌 4:4). 『항상 기뻐하라』(살전 5:16).

그리스도인이 기뻐하는 것은 "성령의 열매"(갈 5:22)이자, 구원받은 성도로서 마땅히 "순종해야 할 의무"이다. 왜냐하면 그것은 "하나님의 명령"이기 때문이다. [아래 내용은 "에드워드 마버리"(Edward Marbury)의 설교 내용에서 발췌 편집했습니다. - 〈알 브라이언트 설교 개요 시리즈 5 성령의 열매〉, pp. 43-47]

하나님께서는 그분의 은총 가운데서 거듭난 성도들을 향해 "기뻐하라"고 명령하셨다. 기뻐하면 마음이 즐거워지고, 마음속에 힘이 생기며, 환희가 찾아든다. 기쁨은 밖으로 드러나고 싶은 속성이 있다. "평안"보다 그런 속성이 더 심하다. 그래서 마음이 기쁠 때는 기쁜 기색이 밖으로 번쩍거리고, 빛을 내뿜으며, 노래도 절로 나온다.

기쁨은 그 기쁨을 소유한 사람의 마음과 오감을 자극하여 어떤 과감한 행동도 하게 만든다. 기쁨은 주위 사람들에게 선한 영향을 미치며, 죄인들도 그리스도인들이 기뻐하는 모습을 보면서 기쁨의 근원이신 예수 그리스도께 이끌린다. 한 통의 식초보다 한 숟가락의 꿀이 더 많은 파리를 끌어들이게 하는 이치와 같다. 기쁨은 다른 사람에게 계속 전달되며, 다른 사람도 우리가 기뻐하는 모습을 보면서 덩달아 기뻐한다. 하나님께서는 성도들에게 기뻐하라고 명령하셨다. 왜냐하면 기쁨은 우리의 모습을 하나님의 성품과 닮게 해 주고, 우리 자신은 물론, 다른 사람에게도 좋은 것이기 때문이다. 심지어 성경은 그렇게 하는 것이 "안전한 일"이라고까지 말씀한다. 『**끝으로 나의 형제들아, 주 안에서 기뻐하라. 너희에게 같은 말을 쓰는 것이 내게도 지루하지 않을 뿐만 아니라 너희를 위해서도 안전하니라**』(빌 3:1).

기쁨은 주님 안에서만 느낄 수 있는 "성별된 즐거움"이다. 그리스도인이 기뻐해야 할 영역은 오직 『**주 안에서**』(빌 4:4)이다. "주님 안"이라는 것은, "그리스도인의 삶이 항상 그 안에서 이루어져야 할 거룩한 울타리"를 가리킨다. 기뻐해야 할 대상 역시 "주님 안"에서 찾아야 한다. 말하자면 "주 하나님," 곧 "아버지와 아들과 성령" 안에서 기뻐해야 하는 것이다. 우리는 우리를 위해 죽으시고 다시 살아나신 예수 그리스도 안에서 기뻐해야 한다. 절대로 세상의 순간적인 것들이나 개인적이고 정치적이고 금전적인 것들을 기뻐해서는 안 된다. 더 나아가 자기 자신이나 자신의 행위를 기뻐해서도 안 된다.

특히 주님께서는 『**항상**』(빌 4:4) 기뻐하라고 명령하셨다. 다른 그 무엇을 통해서도 기쁨을 찾을 수 없을 때 하나님 안에서 기뻐해야 한다. 설령 다른 그 무엇에서 기쁨을 찾았을 때조차도 그 기쁨을 하나님 안에서 승화해야 한다. 아직 기쁨을 누려본 적이 없다면, 지금 즉시 기쁨의 생활을 시작해야 한다. 오랫동안 기쁨의 생활을 누려오고 있다면, 잠시도 쉬지 말고 계속 기뻐해야 한다. 주위 사람들과 함께 있을 때는 그들도 이 기쁨의 길로 인도해야 하고, 외롭게 홀로 있을 때도 이 기쁨으로 즐거움을 만끽해야 한다.

한편 바울은 『**내가 다시 말하노니**』(빌 4:4)라고 말하면서 기뻐하라는 명령을 거듭 강조했다. 사도 바울은 늘 기뻐했고, 습관적으로 항상 기뻐하는 사람이었다. 그래서 "빌립보서" 안에는 유난히도 기쁨이 곳곳에 넘쳐흐른다. 일례로 바울은 기도할 때 기쁨으로 구했다(1:4). 예수 그리스도께서 전파되는 것을 기뻐했고(1:18), 그가 이 땅에 남아 있는 것도 교회에 기쁨을 주기 위함이었으며(1:25), 같은 생각과 같은 사랑을 가진 성도들이 그의 기쁨이 되기를 바랐다(2:2). 그가 헛되이 달리지도, 헛되이 수고하지도 않았다는 것으로 인해 기뻐했고(2:16), 빌립보 교회 성도들에게 마지막으로 했던 작별의 인사말도 『**주 안에서 기뻐하라.**』(빌 3:1)이다. 그리스도 안에서 기뻐하는 자들에 관해 말하고 있으며(3:3), 주님께로 회개하고 돌아온 자들을 가리켜 그의 기쁨이요 면류관이라고 불렀다(4:1). 그런가 하면 지체들의 배려에 대해서도 그의 기쁨을 나타냈다(4:10,18).

"죄인들의 달력에는 일 년 중 먹고 노는 축제일들만 동그라미로 표시되어 있으나, 그리스도인들의 달력에는 하루하루가 모두 하나님께서 표시하신 기쁨의 날들이다"[아논(Anon)].

그리스도인은 일하는 동안에도 "주님 안에서" 기뻐해야 한다. 그러면 주님께서 일할 힘도 주시고 그 육신의 노동으로 먹여 주실 것이다. 휴일에도 주 안에서 기뻐해야 한다. 그렇게 하면 주님께서는 천상의 집에 있는 풍성함으로 먹이실 것이다. 풍요롭게 되었을 때 역시 기뻐하고 또 기뻐해야 한다. 이러한 풍요로움은 주님께서 주신 것이기 때문이다. 부족할 때도 기뻐해야 한다. 왜냐하면 주님께서 거두어 가셨기 때문이며, 또한 부족하게 됨으로써 오히려 주님을 기쁘시게 할 수 있기 때문이다. 세상에서 우리가 현재 가지고 있는 모든 것들은 이제 곧 사라질 것들이라는 사실을 기억해야 한다.

■ 새롭게 깨달았거나 적용할 내용이 있다면 적어 보세요. ■

NOTES

복습 문제 정답

<u>제1과</u>

1. 기뻐하라, 기뻐하라
2. 옥중 서신
3. X
4. X
5. 기쁨

<u>제2과</u>

1. 진전
2. 기뻐, 기뻐
3. X
4. 수고
5. 멸망, 구원

<u>제3과</u>

1. 겸손
2. 십자가
3. 불평
4. 하나님의 아들들, 빛들, 세상에서 비추는 자들
5. 증거, 함께, 함께

<u>제4과</u>

1. 손실, 배설물
2. 상, 푯대
3. 십자가, 원수
4. 시민권, 천한

<u>제5과</u>

1. 생명의 책, 기뻐, 기뻐
2. 기도, 간구
3. 행하라
4. 능력 주시는 그리스도를 통하여
5. 모든 필요

< 추 천 도 서 >

빌립보서

피터 S. 럭크만 지음 / 120쪽
4,000원(eBook 2,900원)

빌립보서는 옥중서신(감옥에서 기록한 서신)임에도 그리스도인이 "기뻐해야" 한다는 사실을 가장 많이 설명하고 있다.

하나님은 나의 기쁨이시라

필립 켈러 지음 / 256쪽 /
6,500원(e-Book 4,900원)

이 책은 하나님과 동행하는 삶을 잘 표현한 책이다. 그분의 말씀 속에 있는 사랑의 언어들은 우리에게 하나님만을 바라보게 한다.

하나님과 함께 걷는 길

필립 켈러 지음 / 248쪽
8,000원(eBook 4,900원)

주님께서는 성도들을 영원한 세계로 인도해 주시기를 원하신다. 이 책은 하나님과 함께 거룩하게 살아가는 법을 제시해 준다.

고난의 선물

F. B. 마이어 지음 / 272쪽 / 8,000원

이 책은 "왜 그리스도인이 고난을 당하는가"라는 주제에 있어 지금까지 쓰여진 책 중에 가장 탁월하다. 하나님께서 갖고 계신 우리 인생의 영원한 목적을 잘 보여준다.

솔로몬 성경공부 시리즈

빌립보서

그리스도인이 항상 기뻐하는 이유

초판1쇄 2022년 2월 11일
초판2쇄 2022년 3월 11일
지 은 이 / 편 집 부
발 행 인 / 이 송 오
발 행 처 / 말씀보존학회
출판등록 / 1988. 12. 12. 제16-223호
주 소 / 서울 강서우체국 사서함 제90호
전 화 / (02) 2665 - 3743
팩 스 / (02) 2665 - 3302
인 터 넷 / www.biblemaster.co.kr

잘못된 책은 바꿔 드립니다.

값 5,000 원